Philine Stoltenberg • Martin Geist

KIEL

Die Werft war unser Leben

Fotografien und Erinnerungen

Wartberg Verlag

Wir danken den Leserinnen und Lesern der Kieler Nachrichten, die uns die Fotos zur Verfügung gestellt haben.

1. Auflage 2003

Satz und Layout: Typographische Dienste U. Weiss, Borken (Hessen)
Druck: Thiele & Schwarz, Kassel
Buchbinderische Verarbeitung: Buchbinderei Büge, Celle

34281 Gudensberg-Gleichen, Im Wiesental 1
Telefon: 0 56 03/9 30 50
www.wartberg-verlag.de
ISBN 3-8313-1082-3

Vorwort

Der Wind, die Wellen und die Werften. Das ist Kiel auf einen kurzen Nenner gebracht. Spätestens seit dem letzten Drittel des 19. Jahrhunderts prägte der Schiffsbau das Lebensgefühl ganzer Generationen und war zudem Garant für die wirtschaftliche Entwicklung der Stadt. Auch nach dem Ende des Zweiten Weltkriegs näherte sich die Werftindustrie, die zunächst am Boden lag, bald wieder alter Herrlichkeit und erreichte in den 60er und 70er Jahren eine neue Blütezeit. Einen Blick zurück auf diese Epoche wirft dieses Buch, das sich dabei auch dem Leben abseits der Docks und Werkshallen widmet.

Arbeiten und Feiern auf den Werften

▲Es waren die großen Zeiten der Kieler Werften. Zehntausende verdankten in den 60er und 70er Jahren ihr Ein- und Auskommen direkt oder indirekt dem Schiffbau. Klar, dass die Bedeutung dieses Industriezweigs auch jede Menge Prominenz an die Förde lockte. Schiffstaufen gerieten so nicht selten zum Schaulaufen bekannter Personen aus Show, Sport und Politik. Julius Kock, ehemaliger Konstrukteur bei HDW, fand in seinem Album dieses Foto mit Altbundeskanzler Helmut Schmidt.

▼Einst war das Gesicht des Kieler Ostuferhafens, wie hier auf einem Foto von Günter Frank aus dem Jahr 1955, bedingt durch den Krieg, flach und brach. Ganz anders als heute. Obwohl die Kulisse aus Kai City, Norwegenterminal und Werftkränen rein optisch über die derzeit wahrlich nicht rosige Hafenlage hinwegtäuscht. Gewerbe- und Büroflächen sind sozusagen Ladenhüter. Man sieht einen planierten Bereich, auf dem einstmals die Hellinge der Krupp-Germania-Werft standen. Die helle Straße in der Mitte ist die heute immer noch unter ihrem einstigen Namen bekannte Straße „Zur Fähre". Von hier aus verkehrten bis zum Kriegsende die Fähren „Primus" und „Tertius", die auch Fahrzeuge aller Art mitnahmen, zum anderen Ufer. Da, wo die Uferlinie (links) zurücktritt, entstand einst eine so genannte „Stichpier" der Howaldtswerke, die es auch heute noch gibt. Über eine lange Zeit lagen an dieser Stelle auch mehrere Schwimmdocks von Howaldt. Auch die Werkshalle an der Straße Zur Fähre gehört heute noch zum Stadtbild. Die Halle 400 ist ein Anlaufpunkt für Nachtschwärmer, Kulturfreunde und Partymacher.

35 000 Bruttoregistertonnen groß war die „Hoegh Fair“, als sie am 28. Mai 1957 vom Stapel lief. Günter Frank machte das Foto aus Richtung Werftstraße. Hunderte von Schaulustigen nahmen an einem Ereignis dieser Größenordnung teil.

Zeit für einen Klönschnack und die Zigarette zwischendurch: Bevor das Schiff vom Stapel lief, war ein Päuschen angesagt.

Die Sektflasche ist kaputt, die Pallhölzer sind weggeschlagen. Bahn frei für das Schiff auf der gut geschmierten Ablaufbahn ins Hafenbecken.

Der Taufakt ist zentraler Bestandteil eines jeden Stapellaufs. Dass alles wie am Schnürchen klappt, überlassen die Schiffbauer auf keinen Fall dem Zufall. (Stapellaufserie von Günter Frank). Ein besonderes Sektflaschenwurftraining inklusive Prüfung der Flaschen-Position soll Pleiten, Pech und Pannen beim Stapellauf verhindern. So manch ein Schiff hat schon unplanmäßig vor der Taufe die Reise ins Wasser angetreten. Ganz wenige sind in lange vergangenen Zeiten gleich nach dem Stapellauf untergegangen. Nicht so die „Hoegh Fair". Ihr Stapellauf verlief reibungslos.

Jeder Stehplatz auf der Helling war begehrt. Wollte man doch einen möglichst ungehinderten Blick auf den gerade feierlich abgerutschten, gigantischen Täufling erhaschen. Der wurde schnell von den Schleppern an den Haken genommen.

Wohl dem, der neben dem Stapellauf selbst auch dem Stapellauf-Menü beiwohnen durfte. Wie der Stahl zum Schiffsrumpf gehörte auch das Schlemmen zum Stapellauf. Peter Wulf sammelte Zeugnisse dieser gesellschaftlichen Ereignisse.

FESTESSEN
ANLÄSSLICH DES STAPELLAUFES
DES 3400 TS. D. W. FRACHTMOTORSCHIFFES
»BRUNSHAUSEN«
DER REEDEREI WILLY BRUNS, HAMBURG
AM SONNABEND, DEM 16. APRIL 1955.
IM CLUBHAUS »DER KIELER KAUFMANN«

*

APERITIFS · COCKTAILS · WHISKY SODA · GIN TONIC · CHAMPAGNER

*

SPEISENFOLGE

CAVIAR BELUGA MALOSSOL
IM EISBLOCK

SCHILDKRÖTENSUPPE »LADY CURZON«

LEBENDFRISCHER HOLSTEINER SCHLEI
SAHNENMEERRETTICH · BAUERNBUTTER
NEUE MALTA-KARTOFFELN
FRÜHLINGSSALATE

VOL AU VENT »TENERIFFA«
BRÜSSELER SPARGELSPITZEN
FEINE ERBSEN · RISOTTO

TROPISCHE EISBOMBE »TRINIDAD«

MOKKA
PETITS FOURS

*

GETRÄNKE

ORIGINAL WODKA
»OSBOJA MOSKOWOKAJA«

1949ER CHABLIS
PATRIARCHE A.C.

1953ER PIESPORTER
GOLDTRÖPFCHEN AUSLESE

1943ER CHÂTEAU
CHEVAL BLANC I. GRAND CRU

SÖHNLEIN FÜRST METTERNICH
SCHLOSS JOHANNISBERGER
SEKT

COGNAC · LIKÖRE

▲Mit den feinsten Gaumenfreuden wurde der Stapellauf des 3400 BRT großen Frachtmotorschiffs „Brunshausen" der Reederei Willy Bruns gefeiert.

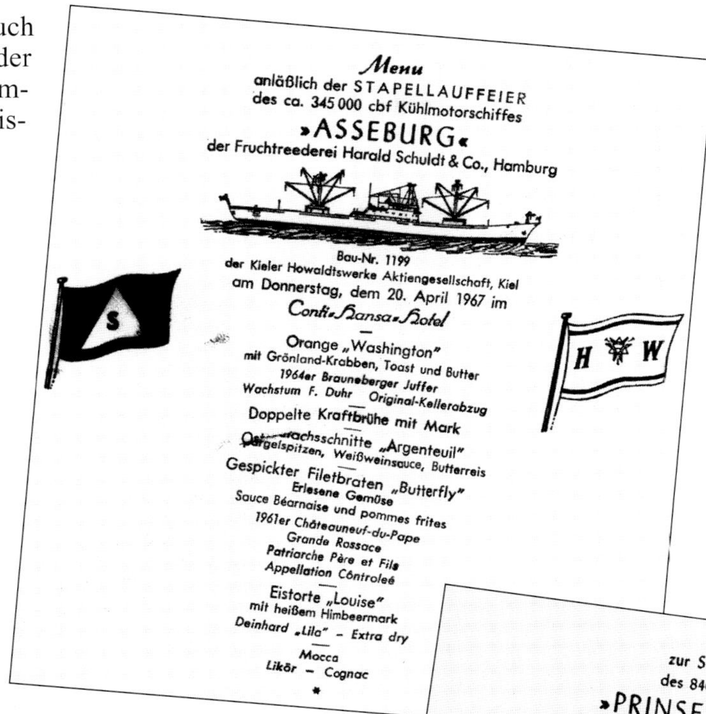

Menu
anläßlich der STAPELLAUFFEIER
des ca. 345 000 cbf Kühlmotorschiffes
»ASSEBURG«
der Fruchtreederei Harald Schuldt & Co., Hamburg

Bau-Nr. 1199
der Kieler Howaldtswerke Aktiengesellschaft, Kiel
am Donnerstag, dem 20. April 1967 im
Conti-Hansa-Hotel

Orange „Washington"
mit Grönland-Krabben, Toast und Butter
1964er Brauneberger Juffer
Wachstum F. Duhr Original-Kellerabzug

Doppelte Kraftbrühe mit Mark

[illegible]achsschnitte „Argenteuil"
[illegible]gelspitzen, Weißweinsauce, Butterreis

Gespickter Filetbraten „Butterfly"
Erlesene Gemüse
Sauce Béarnaise und pommes frites
1961er Châteauneuf-du-Pape
Grande Rossace
Patriarche Père et Fils
Appellation Côntroleé

Eistorte „Louise"
mit heißem Himbeermark
Deinhard „Lila" – Extra dry

Mocca
Likör – Cognac

*

▲Etwas rustikaler, aber auch delikat ging es beim Stapellauf des Kühlmotorschiffs „Asseburg" zu. Gefeiert wurde stets im Hotel Conti-Hansa, heute Steigenberger Contihansa.

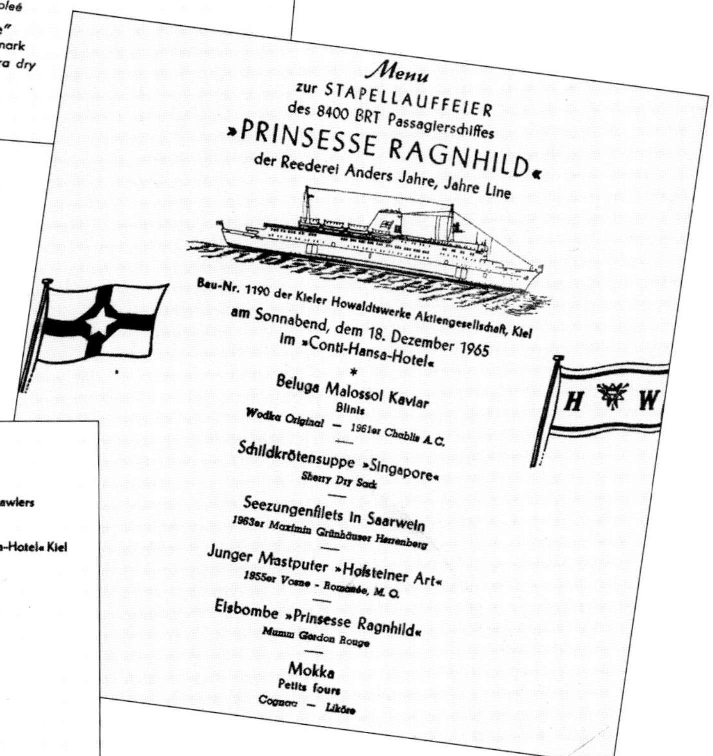

Menu
zur STAPELLAUFFEIER
des 8400 BRT Passagierschiffes
»PRINSESSE RAGNHILD«
der Reederei Anders Jahre, Jahre Line

Bau-Nr. 1190 der Kieler Howaldtswerke Aktiengesellschaft, Kiel
am Sonnabend, dem 18. Dezember 1965
im »Conti-Hansa-Hotel«

*

Beluga Malossol Kaviar
Blinis
Wodka Original – 1961er Chablis A.C.

Schildkrötensuppe »Singapore«
Sherry Dry Sack

Seezungenfilets in Saarwein
1963er Maximin Grünhäuser Herrenberg

Junger Mastputer »Holsteiner Art«
1955er Vosne - Romanée, M. O.

Eisbombe »Prinsesse Ragnhild«
Mumm Gordon Rouge

Mokka
Petits fours
Cognac – Liköre

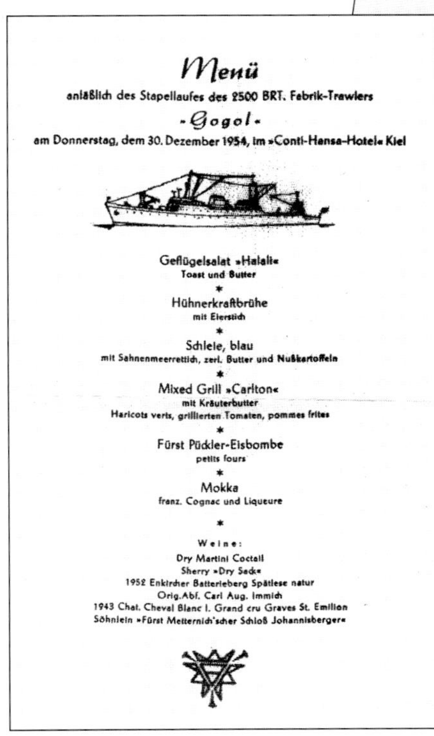

Menü
anläßlich des Stapellaufes des 2500 BRT. Fabrik-Trawlers
»Gogol«
am Donnerstag, dem 30. Dezember 1954, im »Conti-Hansa-Hotel« Kiel

Geflügelsalat »Halali«
Toast und Butter

*

Hühnerkraftbrühe
mit Eierstich

*

Schleie, blau
mit Sahnenmeerrettich, zerl. Butter und Nußkartoffeln

*

Mixed Grill »Carlton«
mit Kräuterbutter
Haricots verts, grillierten Tomaten, pommes frites

*

Fürst Pückler-Eisbombe
petits fours

*

Mokka
franz. Cognac und Liqueure

*

Weine:
Dry Martini Coctail
Sherry »Dry Sack«
1952 Enkircher Batterieberg Spätlese natur
Orig.Abf. Carl Aug. Immich
1943 Chat. Cheval Blanc I. Grand cru Graves St. Emilion
Söhnlein »Fürst Metternich'scher Schloß Johannisberger«

▲Begossen und begessen wurde natürlich auch die Taufe des 2500 BRT großen Fabriktrawlers „Gogol" am 30. Dezember 1954.

▲An sie können sich heute noch viele erinnern, die das Fernweh schon vor einigen Jahrzehnten von Kiel nach Oslo und zurück zog. Die 8400 BRT große Prinsesse Ragnhild, Vorgängerin der heutigen Jumbofähren, lief 1965 vom Stapel. Vom Beluga-Kaviar über Schildkrötensupppe bis zum Seezungenfilet wurden Schmankerl aufgetischt, die nicht tierschutzbewegten Schlemmern den Mund wässrig machen.

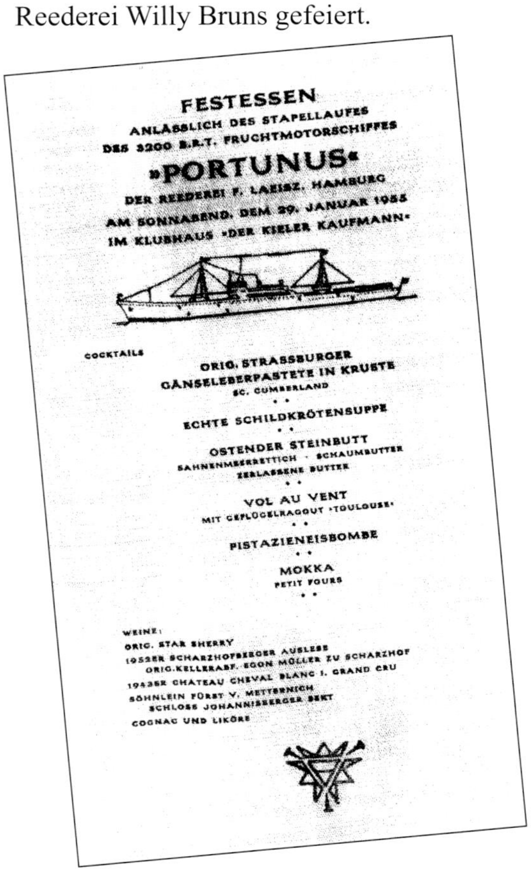

FESTESSEN
ANLÄSSLICH DES STAPELLAUFES
DES 3200 B.R.T. FRUCHTMOTORSCHIFFES
»PORTUNUS«
DER REEDEREI F. LAEISZ, HAMBURG
AM SONNABEND, DEM 29. JANUAR 1955
IM KLUBHAUS »DER KIELER KAUFMANN«

COCKTAILS

ORIG. STRASSBURGER
GÄNSELEBERPASTETE IN KRUSTE
SC. CUMBERLAND

• •

ECHTE SCHILDKRÖTENSUPPE

• •

OSTENDER STEINBUTT
SAHNENMEERRETTICH · SCHAUMBUTTER
ZERLASSENE BUTTER

• •

VOL AU VENT
MIT GEFLÜGELRAGOUT »TOULOUSE«

• •

PISTAZIENEISBOMBE

• •

MOKKA
PETIT FOURS

• •

WEINE:
ORIG. STAR SHERRY
1952ER SCHARZHOFBERGER AUSLESE
ORIG.KELLERABF. EGON MÜLLER ZU SCHARZHOF
1943ER CHATEAU CHEVAL BLANC I. GRAND CRU
SÖHNLEIN FÜRST V. METTERNICH
SCHLOSS JOHANNISBERGER SEKT
COGNAC UND LIKÖRE

◄Edel speiste man auch beim Stapellauf des 3200 BRT großen Frachtmotorschiffs „Portunus". Gefeiert wurde am 29. Januar 1955.

▲Die Ästhetik der Maloche. Fast noch ganz in die Nacht gehüllt, führt dieser Mann Schweißarbeiten auf einem HDW-Schiff aus. Entsprechend eindrucksvoll heben sich die Lichtblitze von der dunklen Umgebung ab. Angela Weidling fotografierte diese Szene Mitte der 60er Jahre, und ihr gelang durchaus ein Bild mit symbolischer Aussagekraft. Nicht nur, dass der Schiffbau damals tatsächlich ein einziger großer Lichtblick in der Wirtschaftsstruktur der Stadt war, auch Arbeiten zu nächtlicher Stunde waren durchaus üblich. Das Geschäft brummte eben, die Werften fuhren im Drei-Schicht-Betrieb.

►Neue Wege ging die Werft. Staunend und beeindruckt nahm die Öffentlichkeit in den 60ern zur Kenntnis, wie eine Kiellegung mit Sektionen vonstatten geht. Diese technische Neuerung bedeutete einen erheblichen Rationalisierungsschub und war von der Methode her dem Fertighausbau abgeguckt. Die Arbeit mit vorgefertigten Elementen beschleunigte die Montage ganz gewaltig. Im Grunde mussten die einzelnen Teile nur noch passend zusammengeschoben werden. Die Fotos hat Angela Weidling gemacht.

▲►Lange bevor die große Emanzipationswelle übers Land schwappte, gab es in Kiel schon Powerfrauen, wie sie im Buche stehen. Schweißerinnen waren bei HDW ebenso beschäftigt wie Kranführerinnen, und sie taten ihre Arbeit mit viel Fleiß und Stolz. Die Fotos von Angela Weidling spiegeln jedoch keineswegs den Alltag wider. Frauen in der Industrie waren in den 60er Jahren absolute Ausnahmeerscheinungen. Berufstätigkeit galt fürs weibliche Geschlecht nicht als allgemein gesellschaftlich akzeptiert. Kinder und Küche waren zu jener Zeit die klassischen Tätigkeitsfelder – und wenn schon Geldverdienen sein musste, dann im Büro oder in anderen Dienstleistungsberufen.

Von Ölkrise konnte noch keine Rede sein, vom Ende des Wachstums erst recht nicht. Statt Energiesparen war stetig steigender Ölverbrauch angesagt. In den 60er Jahren wirkte sich das auf den Werften so aus, dass die Öltranker immer größer wurden. So groß sogar, dass sich die Baudocks als zu klein erwiesen. Um diesen 180 000-Tonner aus dem Dock zu bekommen, mussten mühsam Schwimmblasen eingesetzt werden, erinnert sich Julius Kock, aus dessen Album das Bild stammt. Später dann schmiedete HDW Pläne für ein größeres Baudock.

Da stehen sie stramm, die Herren Marinesoldaten. Der feierliche Anlass, eine U-Boot-Taufe bei HDW, bot Grund genug dafür. Militärische Aufträge gehörten nach dem Krieg schon deshalb nicht zum Standard der Kieler Werften, weil sich erst 1955 die Bundesmarine formierte. Begonnen hatte HDW 1945 als Reparaturwerft, alsbald kam die Produktion ziviler Schiffe dazu. Ihren heutigen Namen hatte die Werft damals allerdings noch nicht. HDW entstand erst 1968 in Form eines Zusammenschlusses der altehrwürdigen Kieler Howaldtswerke mit der Hamburger Deutschen Werft. Genauso wie heute lösten derart spektakuläre Fusionen schon damals große Ängste aus. Vielfach wurde befürchtet, nun sei das Aus für den Standort Kiel nahe, doch richtig war das Gegenteil. HDW wuchs und gedieh, beschäftigte in den besten Zeiten mithin weit mehr als 20 000 Mitarbeiter. Das von Angela Weidling fotografierte U-Boot wurde übrigens auf den hübschen Namen „Hecht“ getauft.

► Auf stolze 280 Meter Länge bringt es dieser Tanker. Modelle von solchem Format produzierte HDW Ende der 60er/Anfang der 70er Jahre. Überzogen ist das Schiff mit einem gewaltigen Rohrsystem, das verschiedenen Zwecken dient. Teils handelt es sich um Dampf- und Abwasserleitungen, teils um Ölleitungen zum Befüllen der Tanks. Das Foto hat Julius Kock eingesandt.

„Es hat Spaß gemacht, miteinander zu arbeiten“, erinnert sich Julius Kock, der sich an seinem letzten Arbeitstag im Jahr 1974 noch einmal mitten unter den Kollegen in seiner Konstruktionsabteilung ablichten ließ. Anlass auch, auf eine Berufslaufbahn zurück zu blicken, die heute in dieser Weise kaum noch möglich wäre. Der gelernte Schlosser arbeitete sich, nachdem er 1960 bei den Howaldtswerken anfing, binnen kurzer Zeit zum Leiter einer Konstruktionsabteilung hoch, die auf die Fertigung von bis zu 30 Tonnen schweren Wärmetauschern spezialisiert war. „Damals war alles möglich“, schwärmt der Kieler über diese goldene Ära im Schiffbau. Volle Auftragsbücher und Arbeit im Drei-Schicht-Betrieb waren damals an der Tagesordnung. „Das ging Tag und Nacht durch“, sagt Kock, den angesichts der späteren Entwicklung aber auch eine gewisse Wehmut befällt. Denn mit der ersten Ölkrise schlug Mitte der 70er Jahre auch die Stimmung im Schiffbau um. Hochtrabende Pläne für den Bau von 400 Meter langen und 460 000 Tonnen fassenden Tankern wurden nie mehr verwirklicht. Man musste sich darauf einstellen, wieder kleinere Brötchen zu backen.

So gut wie fertig ist dieser Tanker. Schweißer führen lediglich noch einige Restarbeiten aus, nehmen es dabei aber mit den Vorschriften, will heißen mit der Helmpflicht, teilweise nicht so genau, wie sie es eigentlich sollten. War nicht so schlimm. Wenn ein Werk so gut wie vollbracht war, ließ man auch mal Fünfe grade sein. In welch gewaltigen Dimensionen sich die HDW-Leute bewegen, zeigt ein Blick auf den Hintergrund des Bildes. Ganz in weiß hebt sich dort die Kommandobrücke des neuen Tankers ab. Das Bild schickte uns Julius Kock.

◀ Ganz schön heiß: Mit 1200 Tonnen glühendem Stahl arbeitet dieser Mann, der die über Nacht zum Glühen gebrachte vierkantige Bramme unter eine gewaltige Presse schiebt. Was am Ende herauskommt, ist ein Ruderschaft aus dem Hause HDW. Das Bild kommt von Julius Kock und dürfte Mitte der 70er Jahre entstanden sein.

▼ Schiffstaufe bei HDW Anfang/Mitte der 70er Jahre. Der Pott, dessen Name noch verhüllt ist, hat ein Fassungsvermögen von mehr als 200 000 Tonnen und offensichtlich viele Bewunderer. Vorne auf dem Ponton haben sich die Offiziellen platziert, rechts am Rand stehen die Arbeiter. „Damals gab es alle drei Monate eine Schiffstaufe", erinnert sich Julius Kock, der das Foto in seinem Album gefunden hat. Und jeder Arbeiter, der in der einen oder anderen Weise etwas mit dem Bau eines bestimmten Schiffes zu tun hatte, nahm sich nach aller Möglichkeit auch die Zeit dafür, bei der Taufe dabei zu sein.

▲Glücklicher Berufsnachwuchs. Als sich Wolfgang Wittchow 1956 bei den Howaldtswerken um eine Lehrstelle bewarb, hatte er es mit rund 300 Konkurrenten zu tun. Da war es fast wie ein Sechser im Lotto, am Ende zu den 30 Auserwählten zu zählen. Das Bild dieser Lehrlingsgruppe entstand nach ungefähr zwei Ausbildungsjahren, erinnert sich Wittchow, der heute in Neumünster lebt und zu einigen Kumpels aus alten Lehrlingszeiten bis heute Kontakt gehalten hat. Verbindend wirkt wohl nicht zuletzt die durchaus harte Schule, die Lehrlinge damals zu durchlaufen hatten. „Es herrschte ein ziemlich strenges Regiment", erinnert sich Wittchow, der andererseits zu schätzen wusste, dass auf der Werft auch den noch nicht fertig ausgebildeten Kräften ein hohes Maß an Eigenverantwortlichkeit zugebilligt wurde.

►Er zeigte den jungen Leuten, wo es lang ging. Einer von vielen Lehrlingsausbildern bei den Howaldtswerken, die schon in den 50er und 60er Jahren großen Wert auf die Qualifikation ihrer Mitarbeiter legten. Klar, dass auch eine eigene Lehrlingswerkstatt für diverse „Trockenübungen" zur Verfügung stand. Das Bild hat Wolfgang Wittchow gemacht.

Zufrieden und zuversichtlich blicken diese jungen Männer kurz vor Beginn der 60er Jahre in die Zukunft. Ihre Ausbildung haben sie gerade abgeschlossen, die Welt steht ihnen offen. Bald schon werden sich ihre Wege trennen. Manche bleiben bei den Howaldtswerken, andere haben ihre eigenen Pläne. So wie Wolfgang Wittchow, dessen Ziel es war, Schiffsingenieur zu werden. Nach Lehre und Bundeswehr absolvierte er die Ingenieursschule in Flensburg, um schließlich doch in einem ganz anderen beruflichen Fahrwasser zu landen. Wittchow war 28 Jahre lang technischer Leiter des Krankenhauses Neumünster.

Motorenbau bei den Howaldtswerken. In den 50er und 60er Jahren waren regelmäßig auch die Lehrlinge mit solchen Arbeiten beschäftigt, weiß Wolfgang Wittchow, der dieses Bild gemacht hat. Aufschlussreich war der Umgang mit derart leistungsstarker Technik für den Nachwuchs allemal. Für die Werft lohnte sich die Sache aber offenbar nicht unbedingt. Später wurde die Herstellung von Motoren deshalb aufgegeben, stattdessen wurde zugekauft.

Kaum 15 Jahre nach Kriegsende standen die Zeichen eindeutig auf Expansion. Die Howaldtswerke, aus denen später HDW hervorging, bauten immer größere Schiffe und brauchten deshalb neue Docks. Wolfgang Wittchow hat deren Entstehungsprozess festgehalten. Der ehemalige Lehrling betätigte sich trotz schmalen Salärs schon in jungen Jahren als Hobbyfotograf und kam auf diese Weise zu einem umfangreichen Privatarchiv über die große Zeit der Kieler Werftindustrie.

Sie haben es sich verdient und gönnen sich deshalb erst einmal ein Päuschen. Wolfgang Wittchow hielt diese Szene am Rande der Arbeit auf den Werften fest.

Geschichten rund um die Werften

Für mich ist es immer ein besonderes Ereignis, wenn mein Vater, der auf der Howaldts-Werft arbeitet, mich und meine Mutter zum Stapellauf einladet.

Nur noch 20 Minuten sind es, und der Stapellauf wird beginnen. Die Leute strömen von allen Seiten dem Eingangstor zu. Vorne auf dem Parkplatz stehen die modernsten Volkswagen der Gäste, die in der Sonne blitzen. Daneben parken die Werftwagen und das Feuerwehrauto. – Besonders interessieren uns die Herrschaften, die aus ihnen steigen. Vor uns geht ein großer Herr mit seiner Dame. Er hat einen schwarzen Hut auf und einen Mantel an, der sehr teuer aussieht. Dieser Herr wirkt komisch mit seinen gestreiften Hosen, die nach unten hin schmaler werden. Über den Schuhen trägt er Gamaschen, so wie es die Mode war, als mein Großvater lebte. Ich denke immer, daß dieses Onassis ist, denn mein Vater hatte mir gesagt, daß er ein mehrfacher Millionär sei. Die Frau war mit einem sehr feinen Pelzmantel bekleidet. Auch die anderen Gäste, die den Stapellauf sehen wollen, sind vornehm. Im Gegensatz zu diesen laufen hier auf der Werft die Arbeiter in ihrem Arbeitszeug herum. Hin- und wieder sehen wir die Fahrer der Werftautos mit ihren Uniformen. – Hier liegen Eisenplatten herum, und dort ist noch ein Kran im Betrieb. – Allmählich haben sich schon viele Leute angesammelt und besehen den großen Tanker, der bald von der Hellig in die Schwentine vom Stapel laufen soll. Endlich kommt nun mein Vater und führt uns nach vorne, wo bald die Taufe stattfinden wird. Er hatt auch sein Arbeitszeug an und ist beinahe gar nicht wiederzuerkennen, denn sein Anzug ist überall mit Oel beschmiert. Jetzt kommt ein grauer Volkswagen vorgefahren, eben vor uns hält er. Ein kleiner, schwarzhaariger Mann, ein Grieche, steigt aus dem Wagen. Dann folgt ihm eine größere, feingeputzte Frau. Dieser Mann ist nun Onassis. Er sieht nicht vornehm aus, was man doch annehmen sollte. On. trägt einen einfachen Anzug. Schon kommen die Reporter und fotografieren von allen Seiten her. On. wirkt geradezu drollig, spaziert mit den Händen in den Hosentaschen umher und sieht sich auf der Werft um. Die Leute neben uns sagen: „Der will wohl ins Kino gehen, so hätte ich mir ihn niemals vorgestellt." Jetzt gehen die Gäste die Treppen hinauf auf ein Podium. Onassis kommt natürlich wieder als Letzter. Nun wird eine Ansprache auf Englisch gehalten, und dann schlägt die Gemahlin des Onassis eine Flasche Sekt entzwei. Das Schiff ist getauft. Flink ziehen die Arbeiter, die auf dem Schiffe stehen, ein großes Leinentuch von der Schiffseite und der Name „Olympic Valley" ist zu lesen. Damit nun das Schiff besser ins Wasser gleiten kann, haben die Arbeiter schwere Gewichte an das Schiff gehängt. Die Arbeiter stehen gespannt in der Nähe der Olympic Valley. Alle Stopper werden weggezogen, nun .... aber das Schiff rührt sich nicht von der Stelle. Jetzt setzen die Arbeiter Druck mit der Hydraulischen Presse dahinter. Sie pumpen noch und noch. Mein Vater und ich peilen an dem Lautsprecher vorbei an das Schiff. Und ... hau ruck ruck jetzt „Olympic Valley" setzt sich in Bewegung. Jetzt wickeln sich die Ketten langsam an, und dann schleifen die Gewichte mit großem Gepolter hinterher. Nun spritzt das Wasser fast bis zu uns hoch und das Schiff gleitet ins Wasser. Jetzt sehen die Leute gespannt auf das Schiff. Ob es wohl drüben beim Fischmarkt gegen die Kaimauer fährt? Auch auf der anderen Seite der Schwentine stehen die Menschen dicht an dicht. Das Schiff fährt etwas schief, aber es ist wohl nicht gegengekommen. Schnell kommen die Schlepper von allen Seiten gefahren. Dazwischen kommen einige Ruderboote und kleine Motorboote angefahren. Sie wollen das Holz, daß vom Gerüst (das unten am Schiff war) abgebrochen ist, sich zusammenholen. Aber sie werden von der Wasserschutzpolizei weggejagt. Nun ziehen die Schlepper, und der Tanker kommt langsam vorwärts. Allmählich müssen die Menschen von der Werft verschwinden. Dafür sorgen die Werftfahrer, die man an ihrer Uniform erkennt. Jetzt ist der Stapellauf beendet und mit großem Gedränge geht es durch das Werfttor nach Hause. – Dieses war wieder ein großes Ereignis für mich, denn ich habe erst zum zweiten Male einen Stapellauf gesehen.

Ingrid Hoeft
Kl. UIII a

Die Hoefts waren über Generationen mit den Howaldtswerken verbunden. Schon Großvater und Vater von Ingrid Hoeft und Hannelore Hartz, geborene Hoeft, hatten auf der Werft gearbeitet. Hannelore Hoeft war Praktikantin in der ehemaligen Nähstube. Wen wundert's, dass Familie Hoeft alles über Howaldt sammelte, was sie in die Finger bekam. So hält es Ingrid Hoeft auch heute noch. So sehr beschäftigte Ingrid Hoeft der familiäre Arbeitgeber, dass sie ihm im Jahre 1953 im Alter von 14 Jahren als Untertertianerin an der Staatlichen Oberschule Kiel-Wellingdorf einen ganzen Aufsatz widmete. Bezeichnendes Thema: „Orte, zu denen es mich zieht."

An die Betriebsausflüge wie diesen im Sommer 1959 erinnerte sich die ehemalige Praktikantin Hannelore Hartz (rechts vorne) immer wieder gerne zurück.

Hannelore Hartz trat als Frau bei Howaldt zu damaligen Zeiten nicht ganz konsequent in die Fußstapfen von Vater und Großvater. Denn anstelle von Schiffen reparierte sie in der werfteigenen Nähstube Textilien aller Art. 1959 machte sie ein Praktikum, um Blaumänner und Co. wieder auf Vordermann zu flicken. Wer aber einen Blaumann reparieren wollte, musste wie sie schon souverän mit Nadel und Faden hantieren. Denn diese auf einer Werft unentbehrlichen Textilien wurden nur solchen Näherinnen anvertraut, die sich nachweislich „mit so was auskannten". Vater Hoeft, der vor 100 Jahren in Kiel geboren wurde, war von 1937 bis 1966 bei den Kieler Howaldtswerken beschäftigt. „Alte Howaldtmänner" wie er verdienten diese Bezeichnung für besondere Treue und Einsatzbereitschaft. Als Betriebsleiter Maschinenbau-Bordmontage-Reparatur bedeutete das Einsatzbereitschaft rund um die Uhr. Auch zu spätester Stunde stand das Diensttelefon auf dem Nachttisch oft nicht still.

Die Maschine eines Fabriktrawlers für den Sudoimport, Moskau (1956) wird in den Bauch des Schiffes versenkt. Das Foto zeigt den Betriebsleiter und einige seiner Männer.

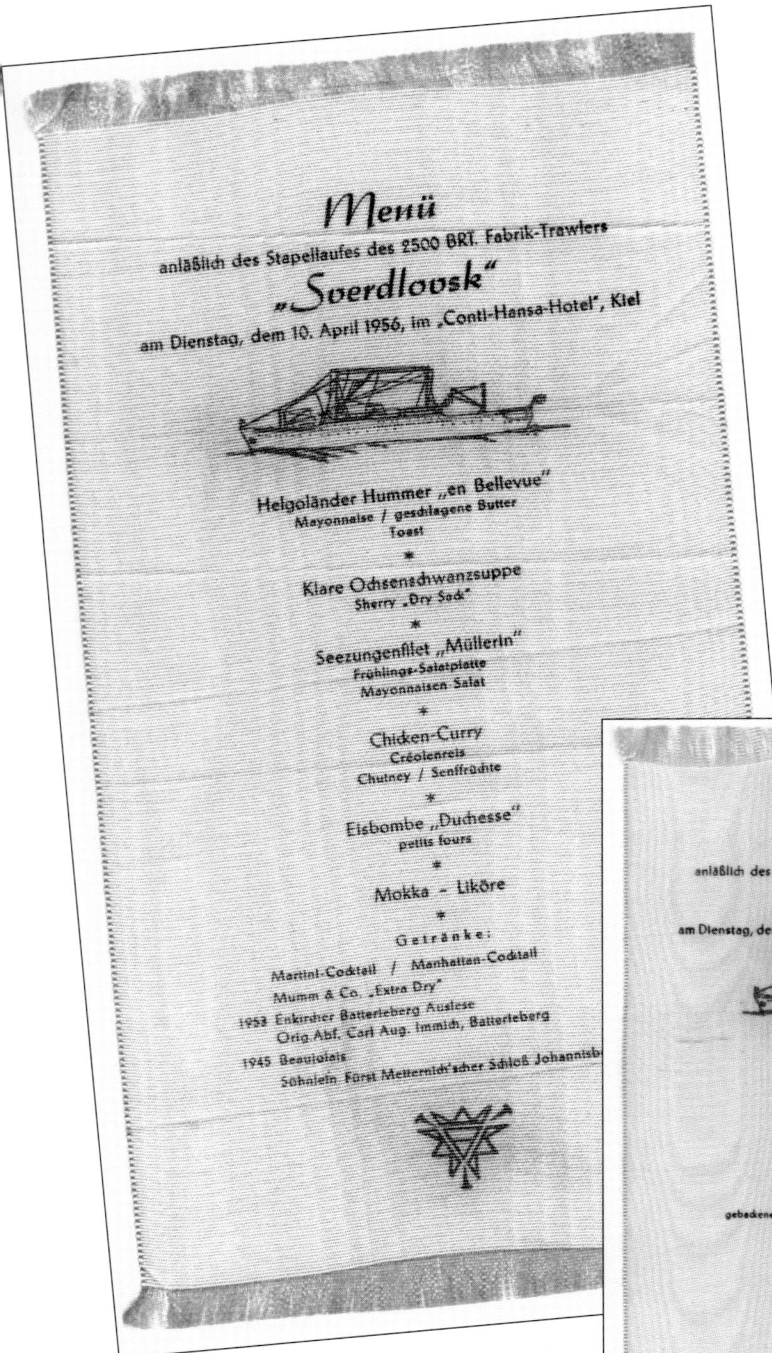

Menü
anläßlich des Stapellaufes des 2500 BRT. Fabrik-Trawlers
„Sverdlovsk"
am Dienstag, dem 10. April 1956, im „Conti-Hansa-Hotel", Kiel

Helgoländer Hummer „en Bellevue"
Mayonnaise / geschlagene Butter
Toast
*
Klare Ochsenschwanzsuppe
Sherry „Dry Sack"
*
Seezungenfilet „Müllerin"
Frühlings-Salatplatte
Mayonnaisen-Salat
*
Chicken-Curry
Créolenreis
Chutney / Senffrüchte
*
Eisbombe „Duchesse"
petits fours
*
Mokka - Liköre
*
Getränke:
Martini-Cocktail / Manhattan-Cocktail
Mumm & Co. „Extra Dry"
1953 Enkircher Batterieberg Auslese
Orig. Abf. Carl Aug. Immich, Batterieberg
1945 Beaujolais
Söhnlein Fürst Metternich'scher Schloß Johannisb…

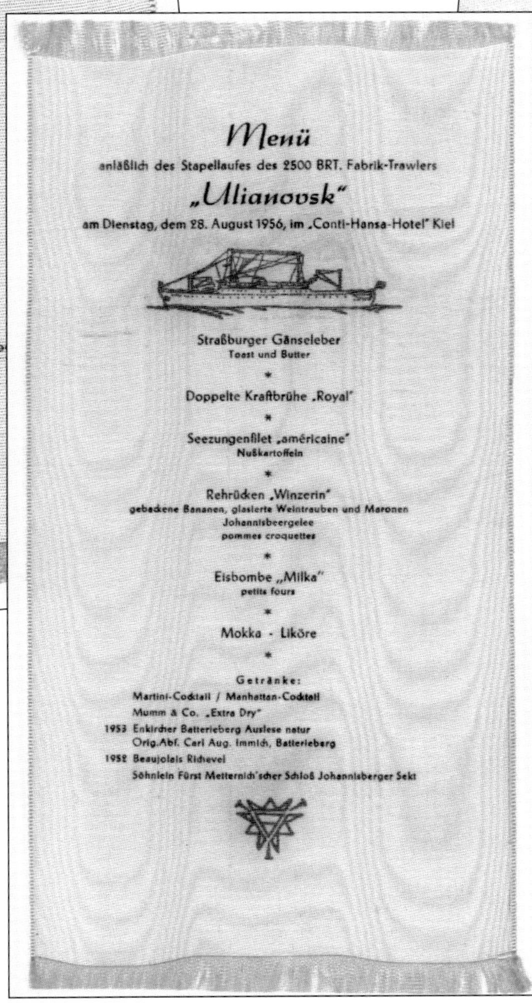

Menü
anläßlich des Stapellaufes des 2500 BRT. Fabrik-Trawlers
„Ulianovsk"
am Dienstag, dem 28. August 1956, im „Conti-Hansa-Hotel" Kiel

Straßburger Gänseleber
Toast und Butter
*
Doppelte Kraftbrühe „Royal"
*
Seezungenfilet „américaine"
Nußkartoffeln
*
Rehrücken „Winzerin"
gebackene Bananen, glasierte Weintrauben und Maronen
Johannisbeergelee
pommes croquettes
*
Eisbombe „Milka"
petits fours
*
Mokka - Liköre
*
Getränke:
Martini-Cocktail / Manhattan-Cocktail
Mumm & Co. „Extra Dry"
1953 Enkircher Batterieberg Auslese natur
Orig. Abf. Carl Aug. Immich, Batterieberg
1952 Beaujolais Richevel
Söhnlein Fürst Metternich'scher Schloß Johannisberger Sekt

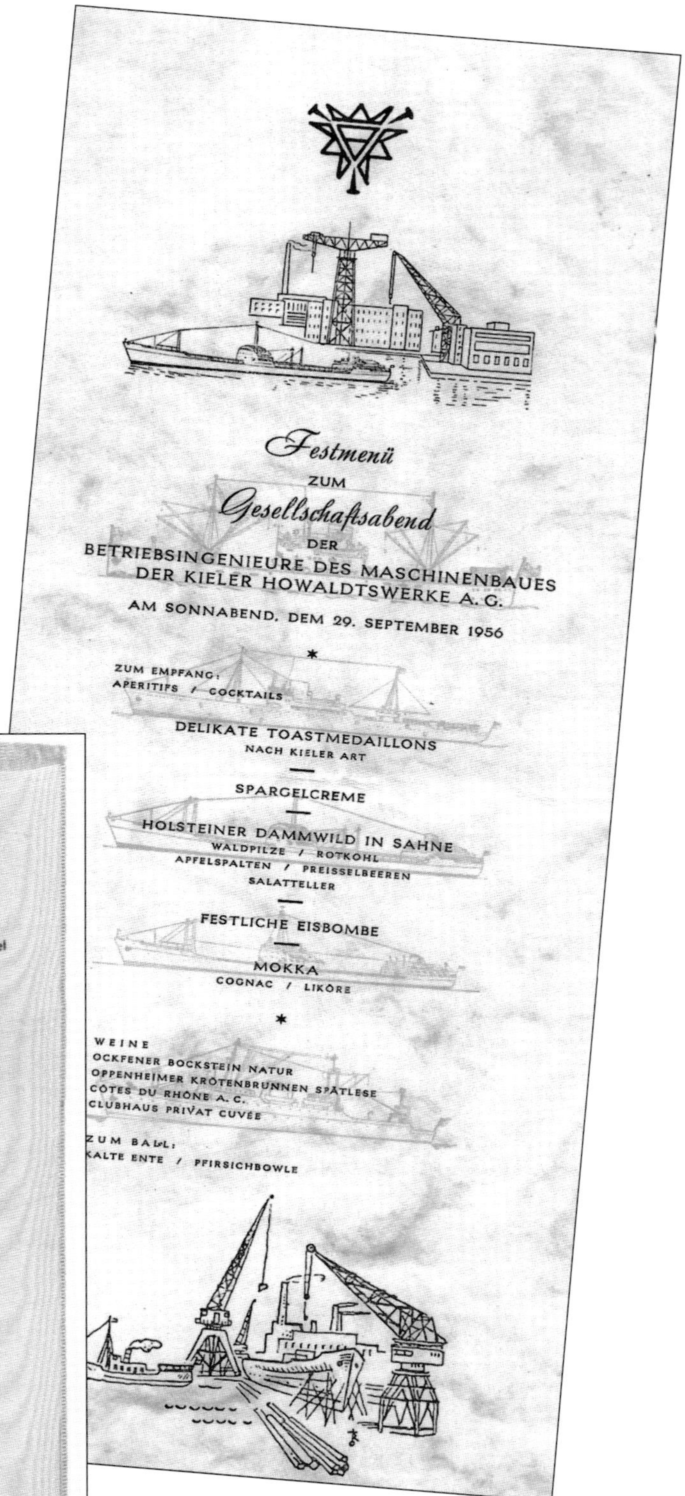

Festmenü
ZUM
Gesellschaftsabend
DER
BETRIEBSINGENIEURE DES MASCHINENBAUES
DER KIELER HOWALDTSWERKE A. G.
AM SONNABEND, DEM 29. SEPTEMBER 1956
*
ZUM EMPFANG:
APERITIFS / COCKTAILS
DELIKATE TOASTMEDAILLONS
NACH KIELER ART
—
SPARGELCREME
—
HOLSTEINER DAMMWILD IN SAHNE
WALDPILZE / ROTKOHL
APFELSPALTEN / PREISSELBEEREN
SALATTELLER
—
FESTLICHE EISBOMBE
—
MOKKA
COGNAC / LIKÖRE
*
WEINE
OCKFENER BOCKSTEIN NATUR
OPPENHEIMER KRÖTENBRUNNEN SPÄTLESE
CÔTES DU RHÔNE A. C.
CLUBHAUS PRIVAT CUVÉE
ZUM BALL:
KALTE ENTE / PFIRSICHBOWLE

Wer viel arbeiten musste, durfte auch schon mal in den Genuss besonderer kulinarischer Ereignisse kommen. Am Dienstag, 10. April 1956, gab es mal wieder einen festlichen Anlass zum Schlemmen. Denn an diesem Tag lief der 2500 BRT-Trawler „Sverdlovsk" vom Stapel. Wie man einer der unteren Zeilen entnehmen kann, wurde das Schiff gleich in mehrfacher Hinsicht mit edlem Sekt begossen. Zuerst ganz direkt bei der Taufe, später floss der Schampus dann durch die Kehlen der Festgäste. Aber nicht nur die seidenen Menükarten dieses Stapellaufs hatte der stets geladene Betriebsleiter für die Nachwelt aufgehoben. Gefeiert und geschlemmt wurde auch anlässlich des Stapellaufs der „Ulianovsk" oder zum Gesellschaftsabend der Betriebsingenieure des Maschinenbaus der Kieler Howaldtswerke AG im Jahre 1956.

Die M/S Makefjell, ein 6640 Tonnen großer norwegischer Frachter, wurde 1959 auf der Kieler Werft gebaut. Aber schon im Jahre 1950 reparierten die Howaldtswerke zwei Tanker (8264 und 8477 BRT) für die norwegische Reederei Olsen&Ugelstad.

25 Jahre bei den Kieler Howaldtswerken – Jubilare 1962

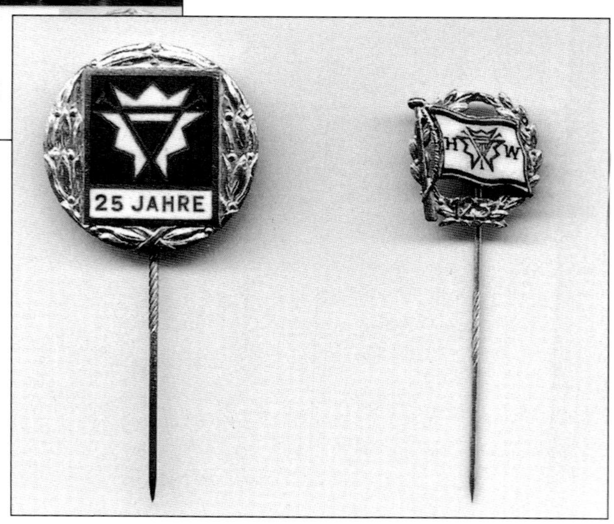

Dass nicht nur die Familie Hoeft der Werft die Treue hielt, zeigt dieses Foto aus dem Jahr 1962. Mit Anstecknadeln wurden jene Mitarbeiter ausgezeichnet, die auf der Werft ein Vierteljahrhundert lang beschäftigt waren. Ein besonderer Anlass für eine ganz besondere Anstecknadel bot sich 1963. In diesem Jahr feierte die Werft ihr 125-jähriges Bestehen.

Im Januar 1963 fuhr eine Howaldt-Delegation zu Verhandlungen mit Sudoimport nach Moskau. Die russische Dolmetscherin Helena führt hier zwei Kieler Ingenieure durch die Stadt.

Auf der Probefahrt wurde der Leiter der Maschinenbau- und Reparaturabteilung (Mitte) vom Lotsen (links) und dem Kapitän der Jawesta flankiert.

Die Jawesta, ein Reparaturschiff, wiederum auf einem Foto von Ingrid Hoeft, startete am 30. Mai 1963 zur Probefahrt. Der für die norwegische Reederei A. Jahre 1955 bei Howaldt gebaute Turbinentanker war um 23 Meter verlängert und um 2.44 Meter erhöht worden. Damals war ein derartiger Umbau noch eine Sensation, die (Fach-)weltweit von sich reden machte. In vier Phasen wurde das Schiff mit Hilfe von Spezialhubwerken vergrößert.

Einladung

Tür A | STADTTHEATER KIEL | Parkett - rechts | Reihe 3 | Sitz 68

Für abhandengekommene Garderobe wird nur nach Maßgabe der Garderobenordnung gehaftet

A. C. Ehlers & Sohn, Kiel

Stadttheater Parkett 3-68

Wir bitten unsere Gäste, zum Festakt im Theater die auf der beiliegenden Karte vermerkten Plätze bereits um 9.55 Uhr einzunehmen

Die Kieler Howaldtswerke Aktiengesellschaft gibt sich die Ehre

Herrn Karl Höft

aus Anlaß ihres 125-jährigen Jubiläums zu einem Festakt im Kieler Stadttheater am Sonnabend, dem 28. September 1963, um 10.00 Uhr einzuladen.

Dunkler Anzug

Kiel, im September 1963

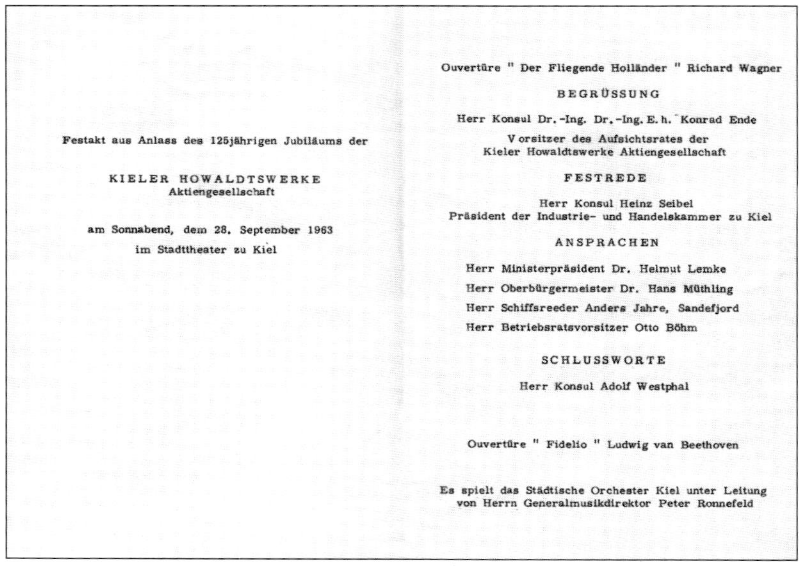

Festakt aus Anlass des 125jährigen Jubiläums der

KIELER HOWALDTSWERKE
Aktiengesellschaft

am Sonnabend, dem 28. September 1963
im Stadttheater zu Kiel

Ouvertüre " Der Fliegende Holländer " Richard Wagner

BEGRÜSSUNG

Herr Konsul Dr.-Ing. Dr.-Ing. E. h. Konrad Ende
Vorsitzer des Aufsichtsrates der Kieler Howaldtswerke Aktiengesellschaft

FESTREDE

Herr Konsul Heinz Seibel
Präsident der Industrie- und Handelskammer zu Kiel

ANSPRACHEN

Herr Ministerpräsident Dr. Helmut Lemke
Herr Oberbürgermeister Dr. Hans Müthling
Herr Schiffsreeder Anders Jahre, Sandefjord
Herr Betriebsratsvorsitzer Otto Böhm

SCHLUSSWORTE

Herr Konsul Adolf Westphal

Ouvertüre " Fidelio " Ludwig van Beethoven

Es spielt das Städtische Orchester Kiel unter Leitung von Herrn Generalmusikdirektor Peter Ronnefeld

Kultur, wem Ehre gebührt: 1963 wurde Karl Hoeft zum Opernbesuch geladen. Wobei der maritime Bezug auch beim abendlichen Kulturgenuss nicht fehlen sollte. Gegeben wurde der „Fliegende Holländer".

Was, bitteschön, hat dieser Herr mit Howaldt zu tun? Baute er doch Schuhe statt Schiffe. Aber man muss eine Werft nicht immer nur an Schrauben und Schornsteinen festmachen. Wichtig waren auch jene Menschen im Hintergrund, die das nötige robuste Schuhwerk für jene fabrizierten, die Schiffe bauten und reparierten, verlängerten oder ausrüsteten. Zugegeben, ein langer Weg vom Schuh zum Schiff, aber kein unwesentlicher. Zu jenen, die durch das Festmachen der Sohlen oder Absätze im weitesten Sinne auch Schiffe in Fahrt brachten, gehörte die Preetzer Holzschuhmacherei Lorenz Hamann. HDW hatte die traditionellen Holzschuhmacher damals beauftragt, Schweißer, Brenner und Hauer mit festem Schuhzeug für die Arbeit zu versorgen. Zwei Holzschuhmacher arbeiteten in der Werkstatt damals ausschließlich für HDW. Mitte der 60er Jahre wurden dann, ganz im Sinne der deutschen Gründlichkeit, die Holzschuhe mit Stahlkappen zu Sicherheitsschuhen aufgerüstet. Eine Änderung, die nicht von langer Dauer war. Der Amtsschimmel schlug wieder zu. Fortan durften Sicherheitsholzschuhe nicht mehr als Arbeitskleidung getragen werden. Die Nachfolger, die für Schritt- und Trittfestigkeit in allen Situationen auf der Werft sorgen sollten, waren aus Leder – inklusive Stahlkappen. Eine fatale Entwicklung für die traditionellen Holschuhmacher.

Von den 146 Betrieben im Lande ist nur noch der in Preetz geblieben. Ein Betrieb, der Macher von Schiffen wortwörtlich in Gang brachte. Lorenz Hamann ist dank bürokratischer „Fortschritte" ein Letzter seines hölzernen Fachs im hohen Norden.

Abenteuerliches, Interessantes und Tragisches erlebte Manfred Gast als Oberfeuerwehrmann (hier 1961) bei den Kieler Howaldtswerken. 35 Jahre lang war er bei der Werft allzeit bereit, um zu löschen oder zu retten, was zu retten war.

„Katasströphchen“, Tragisches und Abenteuerliches hat Manfred Gast in seiner Laufbahn erlebt. Denn der Kieler war bis 1996 bei der Werksfeuerwehr der Kieler Howaldtswerke beschäftigt. „Ich war mit Leib und Seele bei der Sache“, erzählt Gast, der 35 Jahre lang viele interessante Dinge miterlebte. Wo gehobelt wird, da fallen Späne. Nicht immer verlief auch bei Howaldt alles ohne Pannen. Gut erinnern kann sich Gast an die beiden russischen Fabrikschiffe „Dalnywostock“ und „Wladywostock“, die zur Ausrüstung am Liegeplatz 1 festgemacht hatten. Während eines Sturmes kippte die Wladywostock um und war etwas zu sehr in ihrem Element. Kurzum: Sie lief teilweise voll Wasser. Gast und Team retteten, was noch zu retten war. Tage später musste die Werkswehr tödlich getroffene Kollegen bergen.
Glimpflich verlief der Unfall eines Howaldt-Werkers bei Schweißarbeiten am Atomschiff „Otto Hahn“. Geistesgegenwärtig sprang Gast ins Wasser, um den Mann zu retten. Von der Werksleitung wurde Gast mit einer Armbanduhr inklusive Widmung belohnt. Am 1. Dezember 1978 wurde das Werk Dietrichsdorf geschlossen. Gast war zusammen mit einem Kollegen der letzte, der die Feuerwache verließ. Zum Abschied malte er ein Transparent. Aufschrift: „Ruhe sanft, es war eine schöne Zeit.“

„Ich war der Marine immer sehr verbunden“, sagt Lothar Soll rückblickend. Deshalb ging für den damals 22-Jährigen auch ein Traum in Erfüllung, als er Obermaat auf der „Z-1“ wurde. Der 2750 Tonnen große amerikanische Leihzerstörer, der bei der US-Navy unter dem Namen „Antony“ gefahren war, wurde der Bundesmarine 1958 in Bremerhaven übergeben. Späterer Heimathafen der „Z-1“ war Kiel. Soll arbeitete in der Schreibstube des Zerstörers, durfte an Bord aber auch viele andere Posten „ausprobieren“, sogar das Ruder übernahm er ein paar Mal. „Besonders spannend waren die Touren nach Amerika oder ins europäische Ausland“, erzählt Soll, der heute in Plön lebt und arbeitet. Die langen Werftzeiten, insgesamt waren es drei, in denen das Schiff „einmal komplett auseinandergenommen und wieder zusammengesetzt wurde“, nutzte Lothar Soll jedes Mal, um mit der Kamera „unter Tankern herumzukriechen und viele Fotos zu machen.“ In den 60ern sah man das bei Howaldt noch nicht so eng. Gut erinnern kann er sich an die malerischen Sonnenuntergänge mit Werft-Silhouette, die er natürlich auch mit der Kamera festhielt. Nach mehr als drei Jahren hatte Soll schließlich die Nase voll von der Seefahrt. Er ging von Bord der „Z-1“. Vielleicht war das eine schicksalhafte Entscheidung. Denn zehn Jahre später wurde der Zerstörer im Mittelmeer von einem U-Boot-Torpedo zerstört. Soll: „Der Torpedo traf die „Z-1“ genau in der Schreibstube.

Gerade mal 20, 30 Jahre ist es her – und doch mutet die Erinnerung an das ehemalige Hotel „Luisenhof" an wie ein Blick weit zurück in eine exotisch ferne Vergangenheit. Ingrid und Willi Foerster, die dieses Hotel von 1966 bis 1987 führten, haben ihr früheres Leben als gute und allzeit dienstbereite Seelen des Hauses trotzdem nicht vergessen. Gern denken sie an die Ära zurück, als im „Luisenhof" buchstäblich die Welt verkehrte und die allerwenigsten Gäste der deutschen Sprache mächtig waren. Doch Wehmut schwingt dabei genauso mit: Aufstieg und Ende des Hotels sind aufs Engste mit der Geschichte von Dietrichsdorf als Werft-Standort geprägt.

Erst im Sommer 2003 wurde in Dietrichsdorf ein Verein gegründet, der sich die Restaurierung der 1980 geschlossenen Howaldtschen Gießerei auf die Fahnen geschrieben hat. Bald schon soll der repräsentative Industriebau ein Museum sein, das bleibend an die große Vergangenheit Dietrichsdorfs im Schiffbau erinnert. Dringend nötig ist das, findet auch Willi Foerster, dessen Hotel schon zwischen den 60er und 80er Jahren zugleich ein Museum war. „Das ging ganz automatisch", berichtet der Ex-Gastronom und erzählt, dass nahezu jeder weitgereiste Gast, der auf der benachbarten HDW-Werft zu tun hatte, ein Präsent im Koffer hatte. Sofern es da überhaupt hineinpasste, denn neben zahllosem Kleingetier aus dem Meer sammelten sich auch Mitbringsel von wahrlich respektablen Dimensionen an: Mächtige Schiffsglocken, Bullaugen, aber auch ein Haifisch-Gebiss und ein Paar bestens präparierter, nahezu 150 Jahre alter Riesenhummer.
Viele dieser Geschenke stammen von Kapitänen der bei HDW gebauten sowjetischen Fangschiff-Flotte. Immer, wenn ein solcher Pott in der Werft generalüberholt werden musste, hatten die ersten Männer an Bord wochen- oder monatelang in Kiel zu tun – und wohnten selbstverständlich im Hotel „Luisenhof". Äußerst zurückhaltend im Wodka-Konsum, akkurat auf Höflichkeit und gutes Benehmen bedacht, so haben Ingrid und Willi Foerster die allermeisten dieser Offiziere in Erinnerung. Kein Wunder, dass sich zwischen Gästen und Gastgebern nicht nur nette Bekanntschaften entwickelten, sondern teils sogar echte Freundschaften.

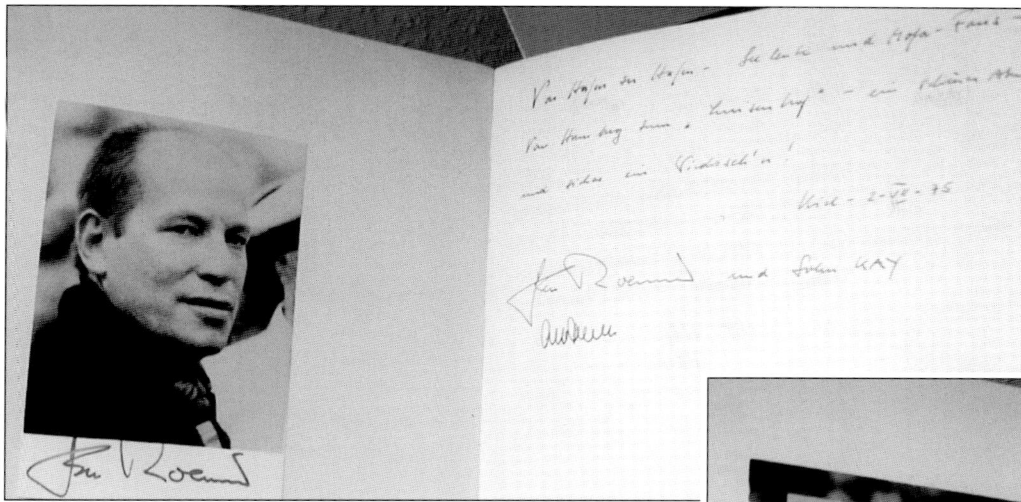

Das kleine, mit gerade mal sieben Doppel- und fünf Einzelzimmern ausgestattete Hotel „Luisenhof" beherbergte dank seiner Nähe zur Werft Gäste aus allen Teilen der Welt. Holländer, Engländer, Italiener, Asiaten, sie alle betteten ihre Häupter in Dietrichsdorf. Das „kleinste, aber internationalste Hotel in Kiel", wie es Chef Willi Foerster zuweilen halb im Scherz, halb im Ernst, formulierte, lockte in seiner großen Zeit aber auch Besucher an, die außerhalb der Zunft der Schiffbauer klangvolle Namen hatten. So quartierte sich 1975 Star-Regisseur Jürgen Roland in Dietrichsdorf ein, und 1977 gab sich Kammersänger Rudolf Schock die Ehre. Als „ganz nett" und frei von Promi-Allüren hat Ingrid Foerster dabei den berühmten Filmemacher im Gedächtnis behalten. Weniger positiv dagegen prägte sich die Erinnerung an Rudolf Schock ein, der sich etwas indigniert zeigte, weil er vom Personal nicht anders als die anderen Gäste behandelt wurde. „Warum sollten wir?", steht Willi Foerster noch heute zu dieser Linie. „Bei uns verkehrten schließlich nur besondere Gäste."
Seltener wurde das, als sich Anfang der 80er Jahre HDW endgültig aus Dietrichsdorf verabschiedete. Zwar ließ sich das Ende der großen Werft-Ära für das Hotel zunächst noch einigermaßen verkraften, weil ganz in der Nähe mit der heutigen Heidelberger Druckmaschinen AG ein weiteres großes Unternehmen immer wieder Besucher zu beherbergen hatte, doch nachdem auch diese Firma „auswanderte" und in Suchsdorf heimisch wurde, kehrte im vormals so betriebsamen Haus endgültig Ruhe ein.

Nach vielen arbeits- und erlebnisreichen Jahren verkauften die Betreiber des Hotels „Luisenhof" 1987 ihr Haus an die Norddeutsche Gesellschaft für Diakonie, die es zunächst als Jugendhotel für benachteiligte junge Menschen führte und heute dort eine Wohngruppe für psychisch erkrankte Frauen betreibt. Nur die wenigsten der zahllosen Erinnerungsstücke aus seinem Hotel hat Willi Foerster aufbewahrt. Einen Ehrenplatz im Garten bekam diese Schiffsglocke, ein Geschenk des sowjetischen Offiziers Arnold Kapucenko.

Schiffsschicksale

▲So manch ein Schiff lief vom Stapel, um gleich wieder abzutauchen. Die U-Boote Hai und Hecht, die jeweils am 15.8. und 1.10.1957 von der Bundesmarine in Dienst gestellt wurden, waren von vornherein für den zeitlich begrenzten „Untergang" bestimmt. Beide Boote, die Günter Frank fotografierte, wurden in der Ostsee gehoben und bei HDW wieder einsatzfähig gemacht. Das Boot Hai mit der Kennung S-170 ging im September 1966 auf der Doggerbank verloren.

►Die Flotte der Fördedampfer hat bis heute immer wieder ihr Gesicht geändert. Wie ein ausgesprochener Oldtimer wirkt die „Mönkeberg" auf dem Foto, das Günter Frank 1954 machte. Am Hauptbahnhof (links) ist noch der Turm der St.-Jürgens-Kirche zu sehen, die später komplett abgerissen wurde. Im Krieg war sie fast völlig zerstört worden. Längst wird auch das Ruderhaus der traditionellen Hafen- oder Fördedampfer nicht mehr aus Holz gebaut. Jahrzehntelang verkehrten die Fähren von morgens bis abends regelmäßig zwischen West- und Ostufer. Heutzutage ist der Fahrplan sehr ausgedünnt, fiel so manche Anlegerbrücke dem Rotstift zum Opfer. Wer ein Schiff gleichen Typs wie die Mönkeberg nicht nur auf dem Foto, sondern ganz real in Augenschein nehmen will, kann das an der heutigen Museumsbrücke in Seegarten. Hier liegt die Stadt Kiel, die man nicht nur besichtigen, sondern auch für besondere Anlässe mieten kann.

Immer wieder waren Walfänger ein umstrittener Blickfang im Hafen. Die norwegischen Walfänger des Einheitsnamens „Kosmos“, hier auf dem Foto von Günter Frank, unterschieden sich nur durch die verschiedenen Ziffern am Rumpf. In den 50er und 60er Jahren waren oft dicke Pötte im Kieler Hafen zu Gast.

Eine schwimmende Fischfabrik, hier auf dem Foto von Gerhard Elbing, erregte in Kiel im Jahre 1950 Aufsehen. Denn der Walkocher „Kosmos 4“ wurde bei Howaldt in der Mitte durchgetrennt, verlängert und zum Walfangmutterschiff umgebaut. 1927 war das Schiff als „Walter Rau“ von der Deutschen Werft gebaut worden.

Die „Esso Norway“ war kaum zu übersehen. 1961 war der Tanker bei Howaldt gebaut worden und mit seinen 50 000 Tonnen einer der ganz großen Blickfänge im Kieler Hafen. Auf dem Foto von Günter Frank wurde die Esso Norway gerade bei Howaldt auf Vordermann gebracht. Später ereilte sie, die zuverlässig ihre Bahnen durch die Weltmeere gezogen hatte, das Schicksal des „alten Eisens“. Nach Auskunft von Lloyds Register of Shipping wurde der einst so imposante Tanker inzwischen verschrottet.

Stadtteile und ihre Werften

Ebenso wie Ellerbek ist auch Wellingdorf stark von der Werftindustrie geprägt. Doch nicht nur das. Der Seefischmarkt ist aus diesem Stadtteil nicht wegzudenken. So massiv wie Mitte der 60er Jahre, als Angela Weidling auf den Auslöser ihrer Kamera drückte, ist die Fischereiwirtschaft aber längst nicht mehr präsent. Immerhin aber ist sich die Kommunalpolitik weitgehend einig darüber, dieser Zunft in Wellingdorf eine Art Bestandsschutz zu gewähren. Zusätzlich gibt es Pläne für Neuansiedlungen aus wachsttumsträchtigen High-Tech-Branchen. Der Seefischmarkt als Mix aus Tradition und Zukunft also.

Fischauktion in Wellingdorf. Wer einen guten Fang machen wollte, musste ungefähr so früh aus den Federn wie die Fotografin Angela Weidling. Morgens um 4 Uhr waren oft 20 bis 30 Händler präsent, um ihr glitschige Ware feilzubieten. Die potenziellen Kunden indes waren meist fachkundig genug, um sich nach gründlicher Prüfung der Ware ihr eigenes Urteil zu bilden.

Arbeitsplätze bot Mitte der 60er Jahre nicht nur der Schiffsbau, sondern auch der Fischfang. Egal, ob beim Verpacken und Verarbeiten der Fische oder beim Ausbessern der Netze, stets gab es viel zu tun auf dem Seefischmarkt. Auch für Angela Weidling, die in dieser Zeit als Fotoreporterin tätig war und immer wieder Aufträge in den Werften oder auf dem Seefischmarkt zu erledigen hatte. Doch ähnlich wie bei den Werften ist auch hier die große Zeit lange vorbei. Besonders das Ende der Hochseefischerei in Kiel markierte einen herben Einschnitt für Wellingdorf.

▶ Nix mit Plastik. In den 60er Jahren dienten auf dem Seefischmarkt noch richtige Holztonnen dazu, den Hering zu verwahren. Wie das beachtliche Arsenal an Behältern zeigt, waren die Fangquoten damals durchaus ordentlich. Für die Nachwelt festgehalten hat das Angela Weidling.

Es weihnachtet sehr in Gaarden. Die Elisabethstraße präsentierte sich in den 60er Jahren als wahre Prachtstraße mit hellen Lichterketten und gut besuchten Geschäften. Heute indes steht so mancher Laden leer, obwohl das Zentrum Gaardens, verglichen mit anderen Stadtteilen am Ostufer, immer noch sehr lebendig ist. In Dietrichsdorf etwa gibt es inzwischen so gut wie keine Einkaufsmöglichkeiten mehr. Eine Konsequenz des Verlustes von Kaufkraft, der unweigerlich dem Abbau von Arbeitsplätzen in der Werftindustrie folgte. Das Foto stammt von Angela Weidling.

Da hängt er am Haken, der Kieler Leuchtturm. Am 5. Juli 1967 wurde er in Betrieb genommen und löste damit das Feuerschiff „Kiel“ ab. Schon damals spielten finanzielle Aspekte eine entscheidende Rolle. Unterhalts- und Personalkosten für das Feuerschiff waren schlicht zu teuer. Der Leuchtturm, der zugleich als Lotsenstation dient, hat seither nicht nur zahllosen Kapitänen den Weg gewiesen, sondern auch den Wetterkundlern die Arbeit erleichtert. Der Deutsche Wetterdienst betreibt darauf eine Station, um meteorologische Daten zu messen und auszuwerten. Begehrt bei Seglern sind vor allem die Angaben zu den Windbewegungen. Den historischen Moment des Leuchtturm-Aufbaus hat Angela Weidling festgehalten.

▲Als in Dietrichsdorf die Häuser in die Höhe wuchsen, schnellte auch die Zahl der Knirpse in die Höhe. Junge Arbeiter gründeten Familien, am Ostufer herrschte alles andere als Mangel an Kindern. Und selbstverständlich verlangte der Nachwuchs auch nach Spielgelegenheiten. Schicke Holzkonstrukte leisteten sich Stadt und Wohnungsunternehmen damals jedoch noch nicht, da musste es schon eine schlichte Eisenrutsche tun.

◄Zeit des Wachstums. Dietrichsdorf benötigte – wie Kiel überhaupt – in den 60er Jahren dringend Wohnraum. Auf den Dietrichsdorfer Höhen beim Wasserturm wurde deshalb ein großflächiges Neubaugebiet aus dem Boden gestampft. Die Nachfrage kam natürlich in erster Linie von den Arbeitern in den boomenden Werftbetrieben. Wohnen zu erschwinglichen Preisen und möglichst dicht am Betrieb, darauf kam es hauptsächlich an.

Genügend Inspiration zur Entfaltung zeichnerischer Talente bietet diese Mitte der 60er Jahre von Angela Weidling festgehaltene Szenerie allemal. Das Bild zeigt die so genannte Kohleninsel, die sich dort befand, wo heute die großen Fährschiffe der Stena-Line festmachen. Einstmals wurde auf dieser Insel tatsächlich in erster Linie Kohle angelandet, später glich sie im Prinzip nur noch einem Schrottplatz.

Auch dieses Bild von Angela Weidling zeigt die Kohleninsel, besser gesagt den Blick von dort auf die Nikolaikirche. Der freundlich durch die Reusen blickende Mann im Vordergrund beweist zugleich, dass in den 60er Jahren mitten in Kiel tatsächlich noch Fischer ihrer Arbeit nachgingen. Mehr als einen oder zwei davon gab es allerdings auch schon damals nicht mehr.

▲Nicht Fisch, sondern Fleisch ist das Thema dieses Fotos von Angela Weidling. In den 60er Jahren hatte der Schlachthof Hochbetrieb, die Schweine wurden im Akkord zerlegt. Nur die älteren Kieler erinnern sich daran, dass diese Szene Mitte der 60er Jahre noch nicht im Schlachthof Wellsee aufgenommen worden sein kann. Dieser – mittlerweile ebenfalls wieder stillgelegte Betrieb – wurde erst 1974 eingeweiht. Bis dahin befand sich der Kieler Schlachthof nahe der Gablenzbrücke an der Bahnhofstraße.

▲Auch 20 Jahre nach dem Krieg sah es an etlichen Ecken und Enden der Stadt aus wie in der Nachkriegszeit. Wo heute schicke Wege und Plätze zum Flanieren und Rasten einladen, lagen damals oft noch Schutt und Schrott. Dass Handlungsbedarf bestand, wurde jedoch durchaus erkannt, wie dieses Bild von Angela Weidling zeigt.

▶Der Anleger Gaarden im Jahre 1957: Auf dem Foto von Günter Frank hatte man noch einen unmittelbaren Blick von der Brücke auf die Betriebsamkeit der Werft und der Schwimmdocks. An den Stegen lagen Sport- und Ruderboote. Von den Schwimmdocks hat sich HDW mittlerweile getrennt.

1
3
1
3
4
3

Zwei Schiffe auf Trockendock: Das Dock 5, in dem auf dem Foto von Günter Frank ein weißer Frachter lag, ist heute noch in Betrieb. Die Helling gibt es nicht mehr. An ihrer Stelle wurde das 100 000 Tonnen tragende Trockendock gebaut. Im Frühjahr 1959 war es fertig.

Quasi über den Dächern von Kiel stand Wolfgang Heßke, als er 1951 vom Rathausturm aus diese Aufnahme machte. Hinter dem „Kleinen Kuhberg" (vorne rechts) sind die Hafenkräne der Howaldtswerke und am Bildrand in der Mitte das heutige Veranstaltungszentrum „Halle 400" zu erkennen. Die zieht heute Nachtschwärmer und Freunde des Theatralischen zuhauf aufs Ostufer. Zusammen mit dem Norwegenterminal hat sie sich zu einem beliebten Treffpunkt gemausert.

Schützen, Stars und Sportskanonen

Ob diese Herren wohl ins Schwarze trafen? Wir wissen es nicht. Was aber feststeht, ist die Tatsache, dass Schützenfeste in den 60er Jahren noch einen weitaus höheren Stellenwert genossen als heute. Zahllose Schaulustige säumten die Straßen, um die Umzüge zu erleben. Königsschützen und Schützenkönige wurden nicht in Gaststätten, sondern in großen Zelten gefeiert. Nicht nur die Alte Gaardener Gilde hält jedoch unverdrossen an der Tradition fest. Und so ist das Vogelschießen zwar kein Massenereignis mehr, für die aktiven Schützen und ihren Freundeskreis stellt es aber nach wie vor ein ganz besonderes Ereignis dar. Und so wie damals die Fotoreporterin Angela Weidling, nimmt die Presse nach wie vor Notiz von den Schützenfesten in Gaarden und den anderen Stadtteilen.

▲ Die Arbeit in den Betrieben war hart, aber sportlicher Ausgleich musste für viele trotzdem sein. Erste Anlaufstelle war in dieser Hinsicht der TuS Gaarden, bereits 1875 gegründet und traditionell eine feste Größe im Fußballsport. Klar, dass der Verein auch die klassische Arbeitersportart Boxen im Sortiment hatte und noch immer hat. Heute ist die Palette der Betätigungsmöglichkeiten wesentlich breiter gefächert als zu der Zeit, in der Angela Weidling die Aufnahmen machte. Bis hin zu Tennis und Gesundheitssport ist beim TuS Gaarden alles möglich.

► Schon in den 60ern eine Legende, heute längst wieder Kult. Der Starpalast in Gaarden – berühmt für die Auftritte von Jimi Hendrix und anderen absoluten Rock-Größen – war stets für Shows gut, die sogar nach aktuellen Maßstäben das Prädikat „schrill" verdienen. So ist zwar der Name des von Angela Weidling abgelichteten Künstlers nicht überliefert, als sicher darf jedoch angenommen werden, dass der junge Mann dem entzückten Publikum eine tadellose Römer-Nummer vorführte.

◀ Manche Dinge sind einfach von Bestand. Etwa der Bootsverleih an der Schwentinemündung in Wellingdorf. In den 60er Jahren, als Angela Weidling fotografierte, gab es ihn schon genauso wie heute. Nur die Mode hat sich inzwischen ein bisschen geändert. Lederhosen, wie sie der Junge links trägt, galten damals als todschick, wirken heute dagegen eher exotisch. Die Silhouette der Gebäude im Hintergrund ist übrigens ebenfalls immer noch fast unverändert.

▼ Fast mediterranes Flair verbreitet dieses Foto von Angela Weidling. Munter baumelt die Wäsche im Fördewind, lebhaft planscht der Knabe in seinem provisorischen Schwimmbad, zufrieden lächelt die Mutti und irgendwie erschöpft schaut der Vati drein. Die Szenerie spielt sich am Bollhörnkai ab und zeigt Gebäude, die noch heute das Stadtbild prägen. Ganz rechts zum Beispiel ist die Kieler Hauptpost zu sehen.

▲ Klassisches Vergnügen: Sackhüpfen beim Kinderfest in Ellerbek. Angela Weidling fotografierte das muntere Treiben im Jahr 1965 und erinnert sich daran, dass damals in den kinderreichen Ostufer-Stadtteilen vor allem die Vereine und Kirchen große Anstrengungen unternahmen, um dem Nachwuchs Spaß und Abwechslung zu bieten.

► Von weißer Pracht kann zwar nicht die Rede sein, aber Hauptsache, es rutscht ein bisschen. Diese Mädchen und Jungen aus Gaarden haben jedenfalls sichtlich Spaß am Rodeln. Angela Weidling hielt die Szene Mitte der 60er Jahre fest.

Badespaß mit und ohne Dach. Die Kieler Kommunalpolitiker wussten in den 60ern durchaus, was sie dem Stadtteil Gaarden schuldig waren und machten deshalb erhebliche Geldmittel für den Bau einer Schwimmhalle locker. Zur Einweihung gab es Tauchvorführungen und jede Menge Publikum. Am meisten Freude macht das Baden jedoch trotzdem bei schönem Sommerwetter. Die vier Jungs im Freibad Katzheide jedenfalls sind ganz bestimmt dieser Meinung. Trotz aller Veränderungen und Sparzwänge ist die Gaardener Infrastruktur in Sachen Badeanstalten übrigens bis heute erhalten geblieben. Die Fotos von damals machte Angela Weidling.

Kleine Rast mit kurzem Schwatz. Seit jeher war das ein Privileg des Alters. Angela Weidling fotografierte diese beschauliche Herrenrunde Mitte der 60er Jahre in der Elisabethstraße in Gaarden. Während solche Szenen zu dieser Zeit nicht unbedingt den Alltag prägten, ist das heute viel eher der Fall. Das Zentrum von Gaarden ist von der Einwohnerstruktur her zusehends gealtert, junge Familien zieht es meist in andere Wohnlagen.

Immer freundlich, immer lächelnd und ein großes, großes Herz. Als „Tierdoktor von Ellerbek" war Karl Jessen einst eine lokale Berühmtheit und oft die letzte Hoffnung für Kinder, die Kummer mit ihren vierbeinigen Hausgenossen hatten und sich keinen richtigen Tierarzt leisten konnten. Wenn immer es möglich war, päppelte Jessen die haarigen oder auch stacheligen Patienten wieder auf, das glückliche Lächeln der Kinder war ihm Lohn genug. Nicht immer so glücklich gelächelt haben soll dem Hörensagen nach die Frau des Tierdoktors, der im richtigen Beruf alles andere als ein Heilkundler, sondern Mitarbeiter der Kieler Verkehrsgesellschaft war. Grund für ihren gelegentlichen Unmut: Ruhe gab es im Haushalt der Jessens nur selten, immer musste für irgendwelche Tiere gesorgt werden. Das menschliche Bild vom großen Freund der Tiere ist Angela Weidling gelungen.

◀▶Er war und ist zweifellos eines der großen Kieler Originale. Berühmt ist sein Schiff „Seeadler", das in Jahrzehnten niemals richtig fertig, sprich seetüchtig wurde. Berühmt ist aber auch seine maritime Holzschnitzkunst, die besonders im Ostseebad Laboe bleibende Spuren hinterlassen hat. Zahlreiche Wegweiser und Schilder stammen aus der Produktion von Ralph Heinrich, der mit seinem Boot lange Zeit mitten in Kiel lag, später nach Laboe umsiedelte und dann wieder in den Hafen Stickenhörn in Friedrichsort. Angela Weidling porträtierte den eigenwilligen Seebären im Jahr 1965. Damals hatte Heinrich noch eine feste Wohnung in der Schaßstrasse, später dann lebte er nur noch auf seinem Dreimaster.

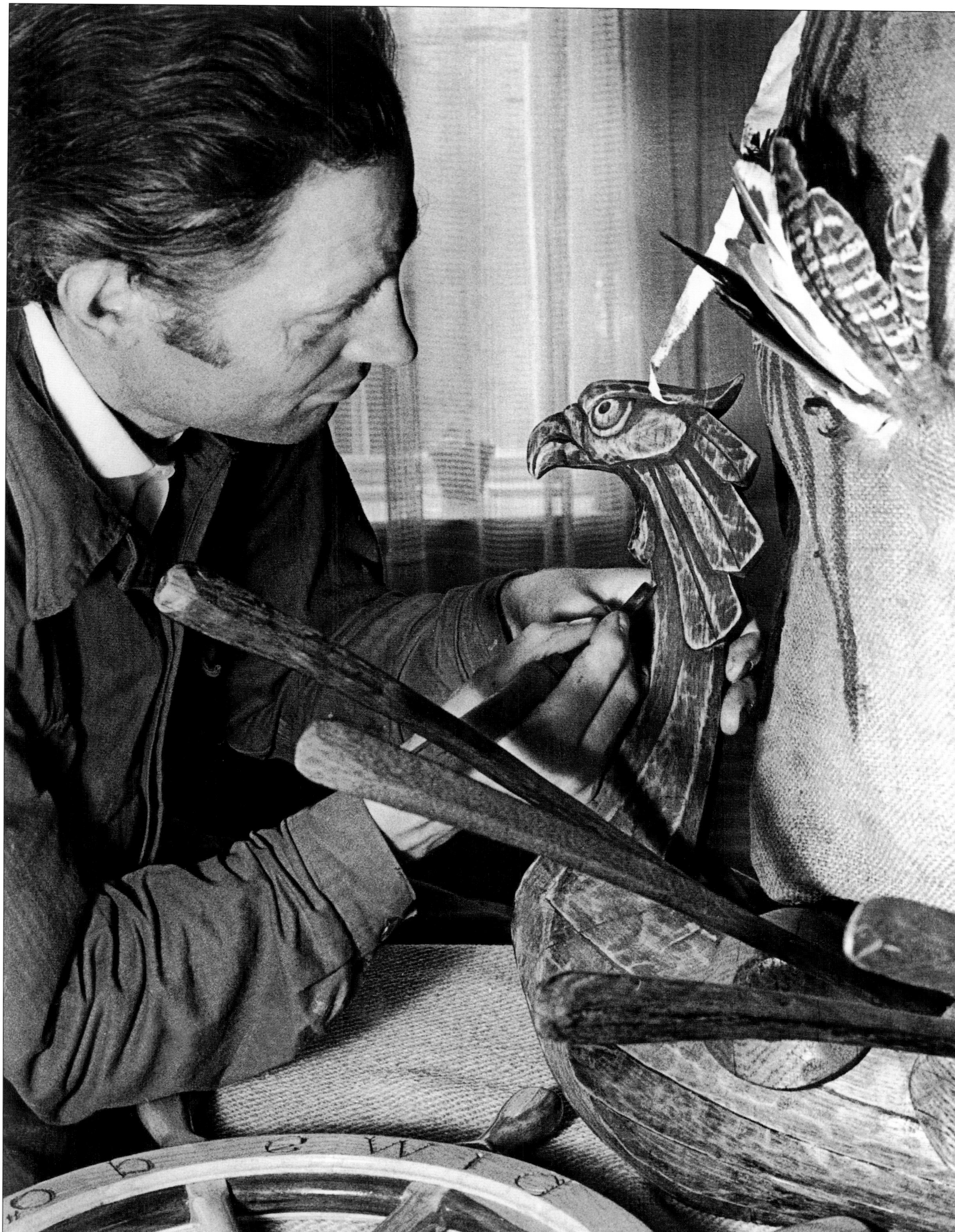

Giganten

Nicht immer muss jemand, der Kraft einer zersplitternden Schampusflasche ein Schiff tauft, zur High Society gehören. Weder ein Mitglied der Familie Onassis noch eines der feinen Kieler Gesellschaft taufte im Jahre 1954 die „Olympic Dale" des Multimillionärs. Die Wahl fiel vielmehr auf eine Hausfrau aus Kiel-Ellerbek. Der Reeder hatte ausdrücklich darauf bestanden, dass ein Familienmitglied eines Howaldt-Mitarbeiters aus der mittleren Führungsschicht den Neubau taufen sollte. Die Wahl fiel auf die Gattin des Betriebsingenieurs Johannes Meß, einem verdienstvollen Mitarbeiter der Werft.
Die „Olympic Dale" war am 6.4.1954 auf Kiel gelegt worden, um am 17.7. des gleichen Jahres vom Stapel zu laufen.
Der Öltanker hatte 13 713 Bruttoregistertonnen. Am 31.8.1954 waren laut Wilhelm Meß, der die Fotos sammelte und das Ereignis detailverliebt dokumentierte, 10 227 Menschen bei den Howaldtswerken beschäftigt.

Schiffbau-Oberingenieur Gerkens meldet dem stellvertretenden Vorstandsvorsitzenden Maschinenbaudirektor Ehrich Tahtz: „Neubau 992 fertig zum Stapellauf."

Vorstandsmitglied Arno Klehn bei seiner Ansprache, daneben Direktor Tahtz mit den Blumen für die Taufpatin.

Die Taufpatin war sichtlich erleichtert, als die Sektflasche beim ersten Wurf am Rumpf zersplittert war.

Allzeit eine gute Fahrt: Mit diesen traditionellen Worten wurde die „Olympic Dale" ihrem Element übergeben. Etappen eines Stapellaufs.

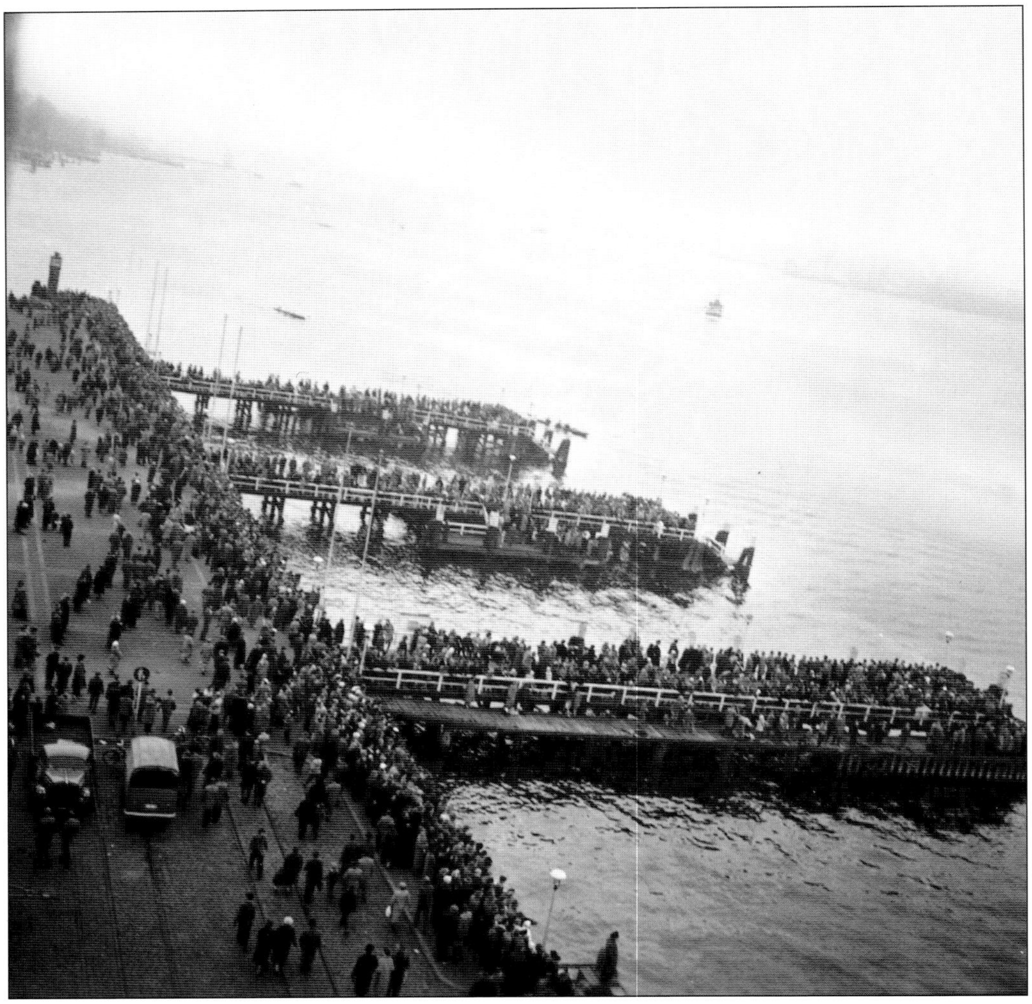

Es war ein Ereignis, das Hunderte von Schaulustigen aufs „andere Ufer“ lockte: Denn 1958 lief der Onassis-Turbinentanker „Olympic Challenger“ vom Stapel. Mit 65 000 Tonnen war sie damals das größte europäische Schiff. Getauft wurde die Challenger von der Frau des damaligen Vorstandsvorsitzenden der Kieler Howaldtswerke AG, Marie-Luise Westphal. Der Tanker, den Joachim Mahn vom Sell-Speicher aus fotografierte, war 266 Meter lang, 33 Meter breit und konnte bis zu 17 Knoten erreichen.

Immer wieder war Reeder Onassis vor Ort, um seine neuen Schiffe in Augenschein zu nehmen. Das Foto von Karl-Heinz Marzinzik zeigt Onassis, in der Mitte zwei seiner Mitarbeiter, Oberingenieur Hans Blunck (HDW) und rechts Direktor Adolph Westphal.

Bei Anlässen wie diesen wartete der Schiffs-Mogul dann stets mit einer schon beinahe Hitchcock-reifen Marotte auf. Denn bei der Besichtigung der Schiffe musste Hans Blunck den ersten Schluck aus dem Glas des Reeders trinken. Onassis hatte Angst vor einer Vergiftung.

Blunck indes hat die Rolle des Vorkosters bestens überstanden. Er ist mittlerweile 90 Jahre alt und erfreut sich bester Gesundheit.

Und noch'n Tanker: Während manche Menschen damit beschäftigt sind, die Brötchen etwa mit Brötchenbacken zu verdienen, bevorzugte der Reeder Onassis Fabrikate anderer Größenordnungen. Zu denen gehörte auch der Tanker „Olympic Champion", der 1958 vom Stapel lief. Christina Onassis war bei der Taufe nur einer von vielen prominenten Gästen. Auch Box-Star Max Schmeling, hier auf dem Foto von Marianne Raukamp, gehörte zu den illustren Geladenen, die nicht verpassen wollten, wie eines der diversen gigantischen Erzeugnisse aus dem Hause Onassis seiner Bestimmung entgegenglitt.

Eine besonders gelungene Detailaufnahme machte Karl Schulz beim Stapellauf des Onassis-Tankers „Olympic Challenger“. Noch schwebten die gewaltigen Schiffsschrauben über ihrem Element. Später konnte das damals noch größte europäische Schiff vom Stapel laufen.

Als Onassis nach Kiel kam, war das die große Sensation schlechthin. Und vielleicht nicht gerade jeder, bestimmt aber sehr viele wollten möglichst dicht ran an den reichen Reeder und seine schöne Frau. Wolfgang Wittchow schaffte es ganz offensichtlich. „Ich habe so getan, als wäre ich von der Presse und es hat geklappt", freut sich der ehemalige Maschinenschlosser-Lehrling noch heute über seinen gelungenen Coup. Wittchows Eindruck von Onassis: „Ein ganz kleiner Wurzelzwerg".

Weitere Bücher aus dem Wartberg Verlag für Ihre Region

Kiel – Fotografien von gestern und heute
von Ulrich Dagge
72 S., geb., zahlr. S/w- und Farbfotos
(ISBN 3-86134-326-6)

Kiel – Ein verlorenes Stadtbild
von Ulrich Dagge
72 S., geb., zahlr. S/w-Fotos
(ISBN 3-86134-198-0)

Ein Rundgang durch das alte Kiel
von Ulrich Dagge
72 S., geb., S/w-Fotografien
(ISBN 3-86134-626-5)

Rundflug über Kiel vor fünfzig Jahren
von Karin Jordt
64 S., geb., zahlr. S/w-Fotos, Großformat
(ISBN 3-8313-1208-7)

Kinder, wie die Zeit vergeht – Das Kieler Fotoalbum der 60er und 70er Jahre
von Philine Mannack und Martin Geist
64 S., geb., zahlr. S/w-Fotos,
(ISBN 3-8313-1290-7)

Neuerscheinung

Geheimnisvolles Kiel
von Eva-Maria Karpf
48 S., geb., zahlr. Farbfotos
(ISBN 3-8313-1349-0)

Flensburg – wie es früher war
von Broder Schwensen
72 S., geb., zahlr. S/w-Fotos
(ISBN 3-86134-247-2)

Flensburg – Farbbildband dtsch./engl./dän.
von Sven Grope
72 S., geb., zahlr. Farbfotos
(ISBN 3-86134-696-6)

Erinnerungen an Flensburg wie es einmal war
von Gisela Mikolajewicz
64 S., geb., zahlr. S/w-Fotos
(ISBN 3-8313-1141-2)

Wartberg Verlag GmbH & Co. KG
Bücher über Deutschlands Städte und Regionen
Im Wiesental 1 · 34281 Gudensberg-Gleichen · Telefon: (0 56 03) 9 30 50 · Fax (0 56 03) 30 83
www.wartberg-verlag.de